Ein Brief an Satan

M. AMAN

Ein Brief an Satan

Geschichten und Gedichte 2017–2018

Bibliografische Information der Deutschen Nationalbibliothek:
Die Deutsche Nationalbibliothek verzeichnet diese Publikation in
der Deutschen Nationalbibliografie; detaillierte bibliografische
Daten sind im Internet über dnb.dnb.de abrufbar.

Satz, Herstellung und Verlag:
BoD – Books on Demand, Norderstedt
ISBN: 978-3-7562-1482-2

Inhaltsverzeichnis

Tag für Tag

Die Menschheit triumphiert,
Tag für Tag
millionenfach,
bei jenen, welchen es gelingt,
sich wiederzufinden.

Die Menschheit scheitert,
Tag für Tag
millionenfach,
bei jenen, welchen es nicht gelingt,
sie selbst zu bleiben.

Ich habe mehrfach triumphiert
und bin mehrfach gescheitert
in diesem Spiel,
das wir das Leben nennen.

Die Belohnung

Ich betrachte es als Glück, das zu tun, was ich für gut und richtig halte. Unabhängig davon, wie du dazu stehst.

Manche sind der Meinung, es sei vergeblich. Damit ändert sich der Verlauf der Geschichte nicht. Manche sagen, es sei sinnlos, denn es ist wie ein Tropfen auf einem heißen Stein. Es hinterlässt keine Spur von sich. Ich sage selber zu mir, es ist zwecklos, weil ich damit mein Leiden nicht aus der Welt schaffe.

Liegt die Belohnung dessen, was ich tue, nicht vor allem in dem, was ich tue? Wenn der Kreis sich schließen lässt, warum sollte ich ihn nicht schließen? Unabhängig davon, ob ich leide oder nicht leide.

Das Herz

Der Stolz kennt meistens ja und nein. Hier bin ich überwiegend anwesend. Gewissen kennt meistens ja und nein. Hier bist du überwiegend anwesend.

Das Herz kennt nicht nur ja und nein, es kennt auch Zwischentöne jenseits von ja und nein. Hier sind ich, du und der Nachbar von nebenan anwesend. Ich habe nichts dagegen, dass auch dein Nachbar dabei wäre. Wir sitzen an einem Tisch. Mal bei mir, mal bei dir und mal bei dem Nachbarn.

Meist hat der Stolz keine Lösung parat. Das Gewissen auch nicht. Wir erleben ein Stück Hölle in uns. Auch zwischen uns. Das Herz könnte die Medizin gegen die Hölle sein.

Hier ein Komplex

Hier ein Komplex,
da ein Komplex
und noch ein anderer.

Ich höre auf, sie aufzuzählen,
wichtig ist,
dass ich sie habe
und nicht sie mich.

Nicht immer!
(unter uns),
hin und wieder haben sie mich.

Frühlingsstimmung

In einer Woche fängt der Frühling an. Es ist ein Nachmittag. Das Wetter ist angenehm. Eine Mutter fährt mit ihren drei Töchtern auf dem Gehweg Skate. In die Richtung eines Parks in der Nähe.

An einem Vorgarten bleiben die Töchter stehen. Sie bewundern die zarten Frühlingsblümchen im Garten. Die Mutter schließt sich ihnen an und bleibt für eine Weile bei ihnen stehen.

Drei Generationen

Großmutter,
Mutter,
Tochter,
schwarzhaarig,
alle durchschnittlich groß.

Drei Generationen,
ein Ebenbild.

Zwei sitzen,
eine steht
in der U-Bahn.

Gesichter, Laune

Lilafarbige Blütenblätter
in der Luft,
Bäume gepflanzt
in dem großen Betonkasten.

Passanten,
die Hälfte frühlingshaft gekleidet,
die andere Hälfte winterlich.

Gesichter, Laune,
irgendwo dazwischen,
in der Fußgängerzone.

Ich spreche dich frei

Ich spreche dich frei. Nicht, dass du gar keine Schuld trägst. Nicht, dass ich nun gar nicht leide.

Ich spreche dich frei. Denn dann hat mein Leiden eine andere Farbe. Eine warme.

Ich habe nichts dagegen

Ich habe nichts dagegen, dass mein Ich relativ ist. Ich bin hier und da etwas anderes. Ich bin heute und morgen etwas anderes.

Die Frage ist, inwieweit variiert mein Ich. Falls ich das Konstante in mir infrage stelle, bekomme ich Ärger. Die Engel in mir werden strenger. Der Dämon in mir wird aggressiver. Auch du könntest mir eventuell Ärger bereiten. Du schaltest auf Abwehr um.

Also, mein Ich ist relativ und mein Ich ist absolut. Einmal mit wenn und aber, einmal ohne wenn und aber.

1. Mai 2017

Eine spanische Gruppe spielt auf der Bühne vor dem Rathaus Musik. Auf der anderen Straßenseite, hinter dem Publikum, haben sich ein paar Leute zurückgezogen. Sie sitzen auf den Treppen eines Hotels, das nun als Unterkunft für Flüchtlinge dient. Eine Mutter hält ein Baby auf den Armen und stillt es. Der Papa hält das andere Baby in den Armen. Beide Babys sind weiß gekleidet. Vor ihnen steht ein Doppelkinderwagen.

Ich bin mit einem Freund verabredet. Wir haben vor langer Zeit in dieser Stadt studiert und besuchen regelmäßig die 1.-Mai-Kundgebungen. Es riecht nach gebratenem Fleisch. Ich kann von hier den Rauch über einigen Stände am Rande der Veranstaltung beobachten.

Falls ich im Liebesmodus bin

Warum andauernd kritisieren?

Dieses sieht hässlich aus!
Dieser Nachbar hat heute schlechte Laune!
Dieser Passant ist banal gekleidet!

Falls ich im Liebesmodus bin,
kritisiere ich weniger,
da erscheint mir sogar manchmal das Hässliche schön.

Falls ich im Liebesmodus bin,
werde ich großzügiger,
werde ich nachsichtiger,
da erscheint mir die Realität in Ordnung.

Dabei verändert sich die Welt wohl nicht.

Die Tochter

Die Tochter hat schon kleine Falten im Gesicht. Die Mutter hat auch welche. Sie steht neben der Tochter in der U-Bahn. Die Tochter hat eine gewöhnliche kurze Jeanshose an und eine schwarze Bluse. Die Mutter hat eine Bluse an mit modernen Mustern, gewöhnliche moderne Muster.

Sie sind still.

Ein warmer Nachmittag

Ein warmer Nachmittag im Juni. Ein Pärchen sitzt auf einer Bank im Park. Im Schatten. Sie albern miteinander.

Auf der Wiese vor ihnen wälzt sich ihr Hund im Gras, im Sonnenschein.

Ein warmer Junitag

Heute war ein warmer Junitag. Ich ging in den Park in der Nähe spazieren. Auf der Rückkehr lief ich durch die Nebenstraßen.

Hinter einer Hofmauer stürzte ein Mann und versuchte, sich wieder aufzurichten. Er war vielleicht vierzig Jahre alt, aber sah aus wie ein Sechzigjähriger. Er war unrasiert, die Haare waren wirr. Er hatte eine Jacke an, die einmal braun gewesen sein musste und nun schwarz aussah. An vielen Stellen war die Jacke zerrissen. Er hatte eine Flasche Cola in der Hand, die er mit Mühe festhielt und in der noch etwas Cola war. Als ich an ihm vorbeiging, kontrollierte ich mich, damit er von meinen negativen Gefühlen nichts mitbekam.

Weiter auf meinem Weg nach Hause, nach einer Kreuzung, vor einer Haustür, saß ein Mädchen auf der Ziegelmauer vor dem Vorgarten. Sie saß im Schneidersitz. Sie strahlte den Zauber der Jugend aus.

Nicht immer

Ich kann die Welt nicht pauschal bewerten. Die Welt existiert nicht. Die Welten existieren. Die Welt ist ein Ort fürs Leben. Und die Welt ist ein Ort des Abgrunds. Die Welt ist ein Ort fürs Lieben und die Welt ist ein Ort des Grauens.

Ich trage auch zwei Welten in mir. Nicht immer und nicht in jeder Lage hast du die Wahl, eine Entscheidung zu treffen. Nicht immer bist du in der Lage, dich selbst pauschal zu bewerten. Nicht immer bist du bei dir selbst zu Hause.

Etwas, was da war

Alles,
was ich brauche, ist da.

Kaffee,
Tabak.

Bier,
Brot.

Etwas du,
etwas wir,
etwas ich.

Etwas Welt,
etwas Liebe.

Doch es fehlt mir etwas,
etwas, was da war.

Was war damals da?

Ich habe vor

Ich bin dabei umzusteigen. Vor mir steigt eine Frau ein. Sie ist über sechzig Jahre alt. Sie hat eine breite Taille. Dementsprechend breit ist ihr Rollator, den sie schiebt. Gestaltet mit zwei Einkaufstüten, eine rechts, eine links, und einer Handtasche darauf. Mit Mühe schafft sie es durch die U-Bahn-Tür hinein. Die Bahn ist relativ voll besetzt. Sie manövriert mit ihrem Rollator nach links und rechts, bis sie im Zwischenraum für Fahrräder landet. Hier hat sie genug Platz für sich und für ihren Rollator. Sie sitzt auf ihrem Rollator.

Im Normalzustand hätte sie eine Welle von Unmut unter den Fahrgästen ausgelöst. Das Gegenteil davon ist hier der Fall. Alle sind von ihr begeistert. Mit ihrer frischen Munterkeit und ihrer offenen Art, alle anzusprechen, schafft sie es von Anfang an, eine lockere Atmosphäre in der U-Bahn zu initiieren.

Sitzend auf ihrem Rollator führt sie ihre Mission fort. Sie spricht ein Mädchen an, das ihr gegenübersteht. Das Gespräch ist so fließend, als ob sie sich schon lange kennen würden.

Es fällt mir schwer, dieses Ereignis als etwas Normales oder als etwas Abnormales einzuordnen.

Erste Begegnung

Ich bevorzuge es, die Erinnerung an die erste Begegnung mit dir zu wahren, wenn ich auch dafür eine Last auf den Schultern tragen muss. Mein erstes Bild von dir war so unschuldig.

In der Erinnerung an das erste Bild lebt meine Freiheit weiter. Vielleicht auch deine Freiheit.

Und noch gelegentlich

Er war dabei, in den Bus einzusteigen. Seine Freundin oder seine Lebensgefährtin begleitete ihn. Unsere Blicke begegneten sich. Er begrüßte mich souverän und herzlich. Ich versagte, entsprechend zu reagieren. Ich konnte das nicht erwidern. Unsere Begegnung dauerte ein paar Sekunden. Ich hatte ihn vor einigen Jahren in einem anderen Zustand erlebt.

Und ich denke noch gelegentlich an diese paar Sekunden. Die Sekunden eines Versagens.

In meinem Urteil

Ich höre zwei Stimmen
in meinem Kopf.

Auf einer Schulter trage ich einen Engel,
auf der anderen einen Dämon.

In meinem Urteil
bin ich weder Engel
noch Dämon.

Ich versuche, ein Mensch zu sein,
wenn auch verzweifelt.

Gehen lernen

Liebe
war ein Kind,
das gehen lernte.

Vernunft
war ein Kind,
das gehen lernte.

Menschlichkeit
war ein Kind,
das gehen lernte.

Freiheit
war ein Kind,
das gehen lernte.

Und wenn heute ein Kind geboren wird,
wird es gehen lernen.

Auch die Welt lernt aufs Neue gehen.

Nicht so einfach

Die Frau im Rollstuhl schiebt einen Kinderwagen vor sich. Sie überquert gerade die Straße an der Kreuzung. Ihr Gesichtsausdruck offenbart, dass sie es nicht so einfach hat.

Ich überquere die Straße in der entgegengesetzten Richtung. Dann gehe ich die Straße entlang weiter. Eine Frau mit einem Baby im Arm kommt mir auf dem Gehweg entgegen. Sie hat gerade eine kleine gelbe Blume aus einem Vorgarten gepflückt. Sie hat das Baby auf einem Arm und die Blume in der anderen Hand. Auch sie hat es nicht so einfach.

Neue Brille

Ich habe eine neue Brille. Ich sehe nun alles in einer anderen Farbe. Auch die Wahrheiten.

Mag sein, dass die Wahrheiten ein Eigenleben haben. Die Farben jedoch, in denen ich sie wahrnehme, lassen sich variieren. Ob ich mich wohlfühle, hängt nicht nur von den Wahrheiten ab. Es hängt auch von den Farben ab, in denen ich die Wahrheiten sehe.

Ich habe eine Heimat

Ich habe eine Heimat. Sie ist ein Gefühl. Ein Gefühl, das um mich herum einen Raum bildet. Ich lebe in diesem Raum.

Ich nehme diesen Raum mit, wenn ich ausgehe. Der passt sich überall an, wohin ich gehe. In der U-Bahn oder bei dir.

Manchmal ist er groß und manchmal klein. Manchmal so klein, dass ich schwer atmen kann, und manchmal ist er so breit wie ein Meer. Die Leute gehen rein und raus, als hätte ich keine Grenze. Dabei habe ich eine Grenze. Eine lockere Grenze.

Die Waagschale

Es war nicht gut,
ab und an schon.

Es ist nicht gut,
ab und an schon.

Aber warum schätze ich das Leben so sehr?
Wegen dieser Momente?

Nicht nur.

Mit meinen Sehnsüchten sinkt
die Waagschale zu meinen Gunsten.

Das Söhnchen

Das Söhnchen auf dem Gehweg mit kleinem Dreirad. Er weint so heftig, als wäre die Welt gleich zu Ende. Die Mutter schaut zu ihm zurück. Auf der Stelle kommt sein Gesicht zur Ruhe. Als ob nach heftigem Unwetter die Sonne wieder scheinen würde.

Ein Dienstag

Heute ist ein Dienstag. 31. Oktober, Reformationstag. Und das 500-jährige Jubiläum der Kirchenreformation. Aus diesem Anlass ist heute ein Feiertag.

Es ist Nachmittag. Die U-Bahnen fahren mit längeren Zeitabständen als sonst. Es sind wenige Fahrgäste in der U-Bahn-Station. Ein junges Paar mit Kinderwagen nutzt die Gelegenheit, ein Spiel zu treiben. Der Kinderwagen hat große Räder und einen hohen Sitz. Die Frau stößt den Wagen zu ihrem Mann. Sie stehen in einem Abstand von vier Metern zueinander auf dem Bahnsteig. Er fängt den Wagen und stößt ihn zurück. Nun ist die Frau dran. Sie stößt wieder den Wagen und sagt dabei zum Kind: „Tschau! Tschau!"

Das Kind scheint ein großes Vergnügen daran zu haben.

Ohne ihn

Ich bin unter anderem ein Untermensch. Der Untermensch hat Bedürfnisse, die ich alle nicht laut aussprechen würde. Der hat Wunden, die ich nicht gerne zur Schau stellen würde.

Der Untermensch ist ein Teil meiner Geschichte. Ohne ihn würde ich keine Geschichte haben. Der wehrt sich mit Händen und Füßen, falls seine Existenz in Gefahr gerät. Ohne ihn wäre meine Existenz in Gefahr.

Ich konnte meinen Augen nicht trauen

Ich konnte meinen Augen nicht trauen. Nicht, dass so was nicht der Fall sein könnte. Mir begegnete es zum ersten Mal.

Sie stieg aus dem Auto aus, im Rollstuhl als Fahrerin. Dann rief sie nach ihrem Hund. Auch der Hund stieg aus dem Auto aus. Sie hielt den Hund an der Leine und schob den Rollstuhl auf den Gehweg neben ihrem Auto. Sie ließ das Auto per Klick automatisch schließen. Ein kleines schwarzes Auto. Sie hatte einen zierlichen Körperbau. Der Hund war klein und grau-braun.

In zwei Spiegeln

In zwei Spiegeln sehe ich mich.

Falls einer befleckt ist,
wird der andere clean.

Falls einer verrostet ist,
wird der andere glänzen.

Falls einer zerbricht,
wird der andere vollkommen.

Falls einer nicht zaubert,
wird der andere zaubern.

Ich trage zwei Welten in mir.

In die Unterwelt

Ich stand vor einem Spiegel. Ich schaute mich im Spiegel an. Auf der Stelle brach der Spiegel total zusammen. Für eine Weile stand ich erschrocken da. Dann trat ich durch den Spiegel hinein, in die Unterwelt oder in die Traumwelt.

Alles war da anders. Freude hatte da eine andere Farbe. Schmerz hatte da eine andere Farbe. Liebe hatte da eine andere Farbe. Gesichter hatten da eine andere Farbe. Freundliche oder unfreundliche Gesichter.

Anfangs war ich erleichtert, überhaupt da zu sein. Immerhin war ich nicht mehr im Zustand der Erschrockenheit. Mit der Zeit wendete sich alles nach und nach gegen mich.

Eines Tages fragte ich mich verzweifelt, warum so was mir passiert ist, womit ich dies alles verdient habe. Eine Stimme in mir antwortete, weil du gewagt hattest, in den Spiegel zu schauen, und wer in den Spiegel schaut, der sollte auch die Welt hinter dem Spiegel kennenlernen.

Nichts ist sicher

Nichts ist sicher. Diesen Satz habe ich in verschiedenen Lebensphasen zur Kenntnis genommen. Mal veranlasste er große Unsicherheit und Angst in mir. Mal war das weniger der Fall. Es gab auch Phasen, in denen ich mich mit diesem Satz versöhnen konnte.

Je weniger das Konstante da war, desto mehr Unsicherheit und Angst spürte ich. Nicht nur das. Das Bedürfnis nach Konstanten trieb mich dazu, jedweder Nebensächlichkeit viel Gewicht zu verleihen. Eben die Vorlieben im Leben. Und die waren in diesem Zustand die Tür zur Hölle.

War ich nicht etwa auf der Suche nach dem Konstanten in meinem Leben? Ja, mit Recht. Das tut gut, diese Frage mit Sicherheit zu beantworten.

Mehrmals

Ich bin gestorben,
mehrmals.

Die Erinnerung
an das Kind,
das ich einst war,
war weg.

Die Erinnerung
an den Jungen,
der ich einst war,
war weg.

Die Erinnerung
an den Mann,
der ich einst war,
war weg.

Die Erinnerung
an den Menschen,
der ich einst war,
war weg.

Die Mühe ist es wert

Ein Problem. Daraus entwickelt sich ein zweites Problem. Ein sogenanntes Scheinproblem. Und daraus entwickeln sich weitere Scheinprobleme.

Ein Scheinproblem hat keine Lösung, ein Problem vielleicht. Scheinprobleme sind Segen und zugleich Fluch. Scheinprobleme sind eine Verschiebung, Scheinprobleme sind Stellvertreterprobleme. Sie dienen als eine Brücke. Eine Brücke zum Tod oder auch zur Befreiung.

Ein Problem entsteht im Raum und in der Zeit. Also, es ist an Raum und Zeit gebunden. Auch die Lösung eines Problems ist an Raum und Zeit gebunden. Vielleicht gelingen uns durch die Verschiebung eines Problems in die Scheinprobleme, Raum und Zeit für die Lösung unseres ursprünglichen Problems herbeizuschaffen. Vielleicht auch nicht. Die Mühe ist es wert.

Das Tabu

Das Tabu hieß
Verzweiflung.

Verzweiflung kannst du
verleugnen,
ignorieren,
verschweigen,
darüber empört sein,
beschimpfen,
tolerieren.

Jedoch wirst du sie nie akzeptieren können,
wenn sie dich für immer auch begleiten würde.

Ein Abteil in der U-Bahn

Wir haben fast ein Abteil in der U-Bahn in Besitz genommen. Eine Mutter aus Ostasien mit dem ordentlichen Kopftuch und einem Baby in den Armen. Rechts von ihr zwei kleine Söhne. Einer von ihnen hat eine Pom-Bär-Chipstüte in der Hand, und beide knabbern daran. Mal nimmt ein Sohn ein Stück Chips und legt es in die Hände des Babys. Links von der Mutter sitzt ihre Tochter, und ihr gegenüber sitzt ihre große Schwester. Sie hat eine Rolle Pringles-Chips in der Hand und teilt sie mit der kleineren Schwester.

Alle Kinder inklusive Baby sind modern angezogen. Zwischen mir und der größeren Schwester steht der Kinderwagen, voll mit Lebensmitteln, Küchenpapier und einem großen Karton Waschpulver. Verteilt auf dem Kindersitz und der unteren Stufe des Kinderwagens und in der Tasche, die hinter dem Wagen hängt.

Auf dem Boden verstreut liegen Bruchstücke von Chips.

Was du mir angetan hast

Was du mir angetan hast, war gemein. Wie kann ich dir wieder begegnen? Dich verleugnen? Mich an dir rächen? Dich hassen? Dich ignorieren? Dir vergeben? Dir aus dem Weg gehen?

Ich verleugne dich nicht. Ich räche mich an dir nicht. Ich hasse dich nicht. Ich ignoriere dich nicht. Ich vergebe dir nicht. Ich gehe dir nicht aus dem Weg. Ich schreibe das Gemeine klein, die Liebe groß. Auch du trägst die Liebe in dir. Auch du wurdest einmal geliebt. Immerhin wenigstens von deiner Mutter.

Vielleicht eines Tages

Du kannst nicht zurückkehren. Das Leben ist unumkehrbar. Ich habe nicht vor, dich in die Verzweiflung zu treiben. Unser Leben ist veränderbar. Das Paradies liegt vor dir. Mit Schlössern, die du herbeizaubern kannst, aus dem, was dich anspricht, aus dem, was du erfahren hast, im Guten wie im Schlechten.

Das Paradies liegt vor dir, neben der Hölle in deinem Leben. Vielleicht würdest du eines Tages sagen: Warum zurückkehren?

Warum ich eine Utopie brauche

Denn Utopien befreien meinen Körper,
denn sie bestärken meine Schritte,
denn sie wärmen mein Herz,
denn sie besänftigen meine Hände,
denn sie erhellen meine Augen.

Denn sie verführen meine Dämonen,
denn sie mildern meine Leiden,
denn sie bändigen meine Ängste,
denn sie bewältigen meine Zerrissenheiten.

Denn die Utopien werden zu einer Brücke
zwischen mir und dir,
auch wenn du nicht mehr an der anderen Seite
der Brücke stehst.

Das Feuer und der Mensch

Du bist nicht in eine heile Welt hineingeboren. Ich bin gerne ein Opfer. Wenn es darum geht, das Feuer in mir zu wahren. Wenn es darum geht, den Menschen in mir zu wahren. Damit ich meiner Geburt verbunden bleibe. Damit ich meiner Freude verbunden bleibe.

Ich bin mit Zauber ausgestattet in die Welt hineingeboren.

Du weißt

Du weißt, was du für richtig hältst, jedoch kannst du dich nicht in der Tat daran halten. Also revidierst du dich und hältst etwas anderes als das Richtige für richtig und handelst auch danach.

Das nennt man Selbstbetrug. Und solange du dich in einer tragischen Situation befindest, hat der Selbstbetrug eine Gültigkeit. Mit anderen Worten, du hast keine Wahl.

Oder doch! Du hast die Wahl, die Situation zu verändern, bis vielleicht eines Tages keine tragische Situation mehr ist. Dann hast du eine Wahl. Eine tragische Situation ist eine Situation, in der das Menschliche versagt, sich zu behaupten.

Ich habe nichts dagegen

Ich habe nichts dagegen, dass das Gute relativ sei. Ich habe nichts dagegen, dass das Böse relativ sei. Das Gute ist an einer Stelle gut, an einer anderen Stelle nicht gut. Das Böse ist an einer Stelle gut, an einer anderen Stelle nicht gut. Es kommt auf die Konstellationen an, in denen wir handeln.

Wir sollen bei unseren Entscheidungen oder bei unseren Beurteilungen sowohl unsere Werte als auch die Konstellationen in Betracht ziehen. Das Richtige ist konkret, so wie die Wahrheit etwas Konkretes ist. Das Richtige ist ein Kompromiss, die Wahrheit ist ein Kompromiss. Ein Kompromiss, mit dem wir alltäglich zu tun haben. Wir, du und ich, sind die Schöpfer des Richtigen und der Wahrheit. Das Richtige und das Wahre existieren zweifach. Einmal ganz konkret, einmal als etwas Allgemeines.

Etwas Allgemeines wie Leuchttürme am Meer, damit wir die Orientierung nicht verlieren.

Ein Fisch

Ich wollte immer
ein Fisch sein.

Ich war ein Fisch,
ob ich clean war
oder nicht ganz,
ob das Wasser clean war
oder nicht ganz.

Am schönsten ist es,
wenn du clean bist,
wenn das Wasser clean ist.

Ohne wenn und aber

Ein Fuß will es,
der andere will es nicht.

Eine Hand will es,
die andere will es nicht.

Die Hälfte vom Herzen will es,
die andere Hälfte will es nicht.

Ein Auge will es,
das andere will es nicht.

Die Hälfte von der Seele will es,
die andere Hälfte will es nicht.

Die Hälfte vom Geist will es,
die andere Hälfte will es nicht.

Wie ihr seht, ist es schrecklich,
es ist zugleich echt,
ohne wenn und aber.

Manches

Manches ist, wie es ist.

Du kannst es Schicksal nennen
oder was anderes.

Ob du dich damit abfindest
oder nicht.

Nicht Zorn,
nicht Geduld,
nicht Nachsicht hilft dir.

Ein paar Tränen
vielleicht.

Draußen schneit es

Er hat einen schwarzen Mantel an, einen schwarzen Filzhut auf. Und Spielkarten in der Hand. Rot karierte. Dreht die oberste Karte mit Geschick um. Herz drei, Karo Bube. Währenddessen redet er mit einer jungen Dame neben ihm auf Englisch. Die Dame ist bunt angezogen. Auch ihr Hut ist bunt. Neben der Dame sitzt ein asiatisch aussehender Mann. Ein Baby in den Armen. Die Mutter steht neben dem Kinderwagen in der U-Bahn.

Draußen schneit es. Mal kräftig, mal nicht so kräftig.

Am Anfang

Am Anfang war ein glückliches A. Dann gab es ein glückliches B. Dann gab es ein unglückliches C.

Dann gab es ein unglückliches D. Dann gab es ein unglückliches E. Dann gab es ein glückliches G. Dann gab es ein glückliches F. Dann gab es ein unglückliches H. Ich weiß, dass es am Ende ein Z geben wird. Wir können darüber streiten, ob ein glückliches oder ein unglückliches Z der Fall sein wird. Bis dahin habe ich viel Zeit, darüber zu grübeln.

Übrigens habe ich bis dahin viel Zeit zu lieben.

Auf den ersten Blick

Auf den ersten Blick
ist es eine Katastrophe.

Ich kann es nicht ignorieren,
ich kann es nicht ertragen,
ich kann mich nicht dagegen wehren,
ich kann davor nicht fliehen,
ich kann mich nicht aufgeben.

Auf den zweiten Blick
ist es keine Katastrophe.

Ich ignoriere es,
ich ertrage es,
ich wehre mich dagegen,
ich fliehe davor,
ich gebe mich auf,
ich gehe abends ins Bett,
morgens wache ich auf
und mache mir Frühstück.

Vertraut und spielerisch

Sie stehen einander gegenüber in der U-Bahn. Der Junge mit braunem Bart hat einen Zigarettenfilter zwischen den Lippen. Er nimmt den Tabakbeutel aus der Tasche. Dann nimmt er das Zigarettenblättchen in die Hand. Er trennt mit den Fingern ein Blättchen. Das Mädchen nimmt den Tabakbeutel von ihm und legt eine Portion auf das Blättchen. Er dreht die Zigarette. Zwischendurch plaudern sie miteinander. Vertraut und spielerisch.

Hier und da

Hier und da
ging mir die Wahrheit
aus den Händen verloren,
im Dschungel der Gedanken,
auch deinen Gedanken.

Ich wusste nicht,
wo ich stehe,
wo du stehst.

Wenn ich bei mir selbst bin,
habe ich das Gefühl,
die Welt sei in Ordnung,
obwohl sie in Wirklichkeit
vielleicht nicht in Ordnung ist.

Im Nichtaufgeben

Ich betrachte den Säugling, der ich einst war, und schaue, ob der friedvoll da liegt. Ich betrachte das Kind, das ich einst war, und schaue, ob es lacht. Ich betrachte den Knaben, der ich einst war, und schaue, ob seine Augen glänzen. Ich betrachte den Jungen, der ich einst war, und schaue, ob er enthusiastisch ist. Ich betrachte den Mann, der ich einst war, und schaue, ob er Visionen hat.

Darin besteht der Sinn. Und wenn der Sinn sich von uns abwendet, nicht aufgeben. Im Nichtaufgeben lebt der Sinn weiter.

Könnte ich

Könnte ich Schmerz empfinden und dabei nicht verzweifelt sein?
Könnte ich Unglück empfinden und dabei nicht verzweifelt sein?

Ich sollte die Engel in mir abrufen. Ich sollte kosmische Gedanken in mir abrufen. Ich sollte meinen goldenen Gefühlen folgen.

Dann würden vielleicht Schmerz und Unglück in den Hintergrund treten. Dann würde ich der Verzweiflung vielleicht nicht so ausgeliefert sein. Und falls das alles nicht helfen würde, könnte ich ab und an „Schmerzmittel" in Anspruch nehmen, „die legalen"! Die Welt schmerzt uns nicht nur, sie ist auch uns gegenüber großzügig.

Mit Genuss

Die Streusandkiste an der Straßenkreuzung, mitten im Wohn-gebiet, dicht an einem Lichtmast.

Er sitzt auf der Kiste, die Beine gestreckt gegen den Mast an-gelehnt. Mit Genuss nimmt er das Fast Food zu sich aus einer Plastikschale.

Mal bleibt ein bekannter Passant stehen und wechselt ein paar Worte mit ihm. Es ist ein Sommertag.

Im Guten und im Schlechten

Du bist, was du einkaufst,
im Guten und im Schlechten.

Du bist, was du isst,
im Guten und im Schlechten.

Du bist, was du denkst,
im Guten und im Schlechten.

Du bist, was du fühlst,
im Guten und im Schlechten.

Du bist, was du erlebst,
im Guten und im Schlechten.

Du bist, was du träumst,
im Guten und im Schlechten.

Also, viel Luft nach oben
und viel Luft nach unten!

Ein Brief an Satan

Guten Tag, Herr Satan! Wie geht es Ihnen? Ich bitte Sie um Verständnis, dass ich Ihnen mit Verzögerung schreibe. Ich hatte beide Hände voll zu tun. Du lässt mich doch auch nicht in Ruhe! Abgesehen davon, hast du mich wohl gut in die Enge getrieben. Ich habe doch deine Karten durchschaut. Zugegeben, du hast mir in der Zeit erlaubt, dich zu durchschauen, in der ich die Gefahr hinter mir hatte. Die Gefahr, meine Kindheit zu verlieren, meine Jugend, den Menschen in mir. Auch du hast gewonnen. Nun bringt mich die Wahrheit nicht in Gefahr.

Soweit ich weiß, warst du immer an meiner Seite. Von Kindheit an bis zu meiner Gegenwart. Deine Spiele haben sich geändert. Auch meine Spiele änderten sich. Du bist auch eine Instanz in mir. Neben den Instanzen Liebe und Menschlichkeit.

Ich biete dir Frieden an. Wir können doch in Frieden miteinander leben. Ich verpflichte mich, dich aus meinem Leben nicht zu vertreiben. Das kann ich sowieso nicht machen. Du kommst jedes Mal in einer anderen Gestalt zurück. Und ich soll dich dann wieder und wieder entlarven. Das ist unser Schicksal, dass wir beisammen sein sollen. Und du solltest dich verpflichten, dich ohne meine Einwilligung nicht in mein Leben einzumischen. Falls du einen Vorschlag hast, teile mir den bitte mit. Ich werde für deine Vorschläge ein offenes Ohr haben. Ich weiß inzwischen, dass ich ohne Abweichungen von meinen Prinzipien hier und da nicht mein Leben meistern kann. Aber lass uns die Abweichungen Abweichungen nennen. Bitte verkaufe mir die Abweichungen nicht als Prinzipien. Denn dann werde ich die Unwahrheiten von den Wahrheiten nicht unterscheiden können. Denn dann werde ich im Labyrinth meiner Gedanken oder meines Hirnes verloren gehen. Ohne eine Aussicht auf Entkommen.

Je mehr ich dich kennenlernte, desto besser verstand ich mich mit den anderen. Die anderen trieben mich vorher in die Verzweiflung. Nun ist das weniger der Fall. Ich benenne die Abweichungen von den anderen als Abweichungen, ob angebracht oder nicht angebracht. Ich kaufe den anderen ihre Abweichungen nicht als Prinzipien ab. In welcher Verpackung sie auch bei mir landen. Wie könnte ich ohne dich die anderen aushalten? Wie könnte ich ohne dich die Verführung der Welt aushalten?

Grüße deine Lieben von mir. Meine Lieben grüßen dich.

Du könntest glücklich sein oder nicht glücklich sein

Du könntest glücklich sein oder nicht glücklich sein. Oder etwas von den beiden. Ich gehe davon aus, dass das Glück nicht unmittelbar unserer Kontrolle unterliegt. Es gibt andere Bereiche, die mehr oder weniger unter unserer Kontrolle liegen, wie der Sinn. Der Sinn geschieht in der Sprache. Eine junge Frau könnte den Sinn in der Liebe zu einer schönen schwarzen Katze sehen. Eine andere junge Frau könnte den Sinn darin sehen, die Realität hier und da etwas zu verbessern. Das ist nicht zu unterschätzen.

Wie auch Sie den Sinn für sich definieren würden, der Sinn bezieht sich nicht nur auf Sie selbst, er geht darüber hinaus. Der Sinn bezieht sich auf das Verhältnis zwischen uns und unserer Umwelt. Der Sinn bringt eine Kohärenz in unserem Dasein hervor. Unser Gehirn ist auf Kohärenzen angewiesen. Der Zustand von Kohärenz ist der optimale Zustand fürs Gehirn. Hier empfinden wir minimalen Stress. Wir sind mit Kohärenzen ausgestattet in die Welt hineingeboren worden.

Sie können sagen, Sie wollen nicht in Kohärenz leben, oder es ist für Sie nicht relevant, ob Zusammenhänge in Ihrem Leben existieren oder nicht. Aber unser Gehirn geht seinen eigenen Weg. Es stellt den Zusammenhang in unserem Leben auf diese oder andere Weise immer wieder her. Und es ist ihm egal, ob wir es gutheißen oder nicht gutheißen.

In der Mythologie ist der Dämon eine Instanz in uns Menschen, die dafür Verantwortung trägt, die Zusammenhänge in unserem Geist und in unserer Seele zu wahren. Es ist gut, wenn wir unsere Dämonen begreifen.

Der Sinn sei die Wahrnehmung von Zusammenhängen in der Sprache. Vielleicht könnte der Sinn als eine Art Kompass uns helfen, die Orientierung in dem Wirrwarr unserer inneren Welt und in dem Wirrwarr unserer äußeren Welt etwas besser zu wahren.

Die Sprache ist ein Universum

Die Sprache ist ein Universum. Jede Sprache ist eine Galaxie. Ich habe in drei Sprachen gelebt. Also lebte ich in drei Galaxien. Ich habe zwei Sprachen aus meinem Heimatland mitgenommen und hier lernte ich die deutsche Sprache kennen.

Es ist schön, in einer Sprache zu leben. Sprachen haben Magie. Die Magie springt über, falls ich meine eigene Sprache überwinde. Das ist ab und an der Fall. Und es ist gut so. Damit die Magie nicht verloren geht und ich der bleibe, der ich bin.

Sie reden so vertraulich miteinander

Sie hat eine grüne Jacke an und eine schwarze Hose. Sie ist jung. Sie zieht einen kleinen Rollkoffer. In der anderen Hand hält sie den Blindenstock.

Sie kommt die Rolltreppe herunter. Nun ist sie auf dem Steiggleis in der U-Bahn-Station. Sie nähert sich einer jungen Frau und fängt an, mit ihr zu reden. Die junge Frau sagt zu ihr: „Sie gehen zum Hauptbahnhof. Von da sollen Sie die S-Bahn-Linie um Viertel nach zwölf nehmen." Sie fragt nach, von welchem Gleis die S-Bahn-Linie abfährt. Die junge Frau tippt gelassen auf ihr Smartphone und redet mit ihr weiter.

Sie reden so vertraulich miteinander, als ob sie schon längst Bekannte seien.

Auf den Schultern
der Mütter der Erde
Inspiriert von Banana Yoshimoto

Ich bin dir zugetan. Dir, der ich heute Abend begegne. Du hast die Wahl, die Verabredung abzusagen, gleich, ob du es mir mitteilst oder nicht. Ich bin nicht zu sehr konventionell. Du hast die Wahl, mein Leben zu verlassen. Deine Entscheidung wird mich nicht verwirren. Und selbst, wenn es der Fall wäre, mach dir keine Sorgen. Ich werde bis zu meinen Wurzeln zurückgehen und wieder aufstehen. Ich werde durchs Feuer gehen. Aus Angst vor Feuer werde ich nicht meine Zuneigung revidieren. Wir können Freiheit und Zuneigung zugleich erleben. Wir laufen auf einem Seil mit ausgesteckten Armen. Wenn die Götter uns das Leben schwer entworfen haben, haben Engel unter unseren Füßen ein Sicherheitsnetz ausgebreitet. Hab keine Angst vor dem Fallen!

Ich denke an mich und ich denke an dich. Die Frage ist, ob ich diese beiden unter ein Dach bringen kann. Wenn das nicht der Fall ist, wenn wir zwischen den beiden in Zerrissenheit geraten, wird diese Zerrissenheit uns zu einem neuen Zusammenhalt führen. Nicht ohne Stress. Unser Hirn verliert hin und wieder sein Gleichgewicht und stellt es wieder her. Nicht immer können wir die Vorgänge verstehen, die unser Hirn durchläuft. Das sollten wir auch nicht. Unser Hirn ist ein Wunderwerk. Wir werden mit Kohärenzen im Hirn ausgestattet in die Welt gesetzt. Hab Vertrauen zu deinem Hirn!

Ich bin ein Gattungswesen und zugleich ein Einzelwesen. Mein Ich verdanke ich meiner Individualität. Auch wenn meine Individualität mich einschränken mag. Wie glücklich sind die, die einen Zusammenhalt zwischen diesen beiden Polen in sich erleben. Ob die Welt einen solchen Zusammenhalt beinhaltet? Einigermaßen ja. Dieser Zusammenhalt wird auf den Schultern der Mütter der Erde getragen.

Etwas Ich, etwas Wir, etwas Herz

Ich und wir. Wofür soll ich mich entscheiden? Wie viel Ich braucht ein Mensch? Wie viel Wir? Wir hatten Wir-Gesellschaften erlebt. Wir haben mehr als ein Jahrhundert die Spaltung der Menschheit erlebt.

Warum soll ich mich für ein Ich oder ein Wir entscheiden? Ich erfahre mich sowohl als Ich als auch als Wir. Ich bin ein Ich-Wesen und zugleich ein Wir-Wesen. Auch unser Planet Erde hat zwei Pole, Nordpol und Südpol. Ich habe zwei Hände, ich habe zwei Augen. Warum soll ich nicht mit zwei Flügeln ausgestattet sein? Zwischen ihnen habe ich mein Herz. Ich werde nicht verzweifeln. Das Herz ist ein guter Vermittler. Also, etwas Ich, etwas Wir und etwas Herz. Unsere Existenz ist in der Nähe vom Herzen entstanden. Im Mutterleib. Unter dem Herzklopfen unserer Mutter sind wir Mensch geworden. Wie der Klang der afrikanischen Trommel aus der Ferne. Der Klang, der heute die Erinnerung an ein verlorenes Paradies in uns weckt.

Im alten Ägypten, in der Zeit der Pharaonen, waren die Ägypter der Ansicht, dass die Wahrheit in der Nähe des Herzens liege. Neurowissenschaftler gehen heute davon aus, dass auch auf dem Herzen Neuronen existieren. Sie gehen davon aus, dass eine andauernde Kommunikation zwischen Hirn und Herz stattfindet. Eine Kommunikation, die unsere Entscheidungen und unser Handeln beeinflusst. Unsere rationale Erkenntnis bezeichnen wir mit dem Wort „verstehen". Das Wort „begreifen" deutet auf eine Erkenntnis, die eine emotionale Dimension innehat. Hier spielt das Herz mit.

Jede Generation hat eine Antwort auf die Problematik des Verhältnisses zwischen Ich und Wir. Es gibt darauf keine endgültige Antwort. Utopien beflügeln uns auf diesem Weg. Sie gleichen unsere Verzweiflungen aus. Das Leben ist ein Drama. Im alten Ägypten hatte die Vitalität in der Begegnung mit den Polaritäten des Lebens einen zentralen Platz. Sie begrüßten die Dramatik des Lebens. Sie vertraten eine Sichtweise vom Leben, von der wir auch in unserer Zeit profitieren können. Sie betrachteten das Leben als etwa Schönes und zugleich als etwas Tragisches.

Bestimme ich selbst meine Orientierung?

Bestimme ich selbst meine Orientierung, oder wird sie von der Außenwelt vorgegeben? Wir könnten behaupten, wir würden die Außenwelt zwar in Betracht ziehen, aber dennoch unsere Orientierung selber in die Hand nehmen.

Ich gehe davon aus, dass die Außenwelt einen „Vertreter" oder eine „Vertreterin" in uns hat. Wir können das als eine Instanz in uns betrachten. Vielleicht ist diese Instanz mit uns geboren. Auf jeden Fall entwickelt sie sich im Laufe unseres Lebens weiter.

Ob diese Instanz es gut mit uns meint, hängt auch davon ab, wie viel Mühe wir investieren, damit sie adäquat in unserem Leben anwesend ist. Ich bin der Meinung, dass wir uns von der Geburt an in einem Pingpongspiel mit der Umwelt befinden. Die Welt hilft uns, damit aus uns ein guter Spieler wird. Und die Welt hindert uns daran, dass wir ein einseitiges Spiel mit ihr treiben. Vielleicht kommt so der Vertreter ins Spiel. Als Verinnerlichung der Außenwelt.

Ich bin darauf angewiesen, in der Welt zu leben. Und ich lebe mein eigenes Leben. Also, nicht zu viel Vertreter, nicht zu wenig Vertreter. Und vor allem viel Mut, sein eigenes Leben zu leben.

Ich frage mich, wer bin ich

Ich frage mich, wer bin ich. Ich gucke, im Zimmer sitzt ein Mann am Schreibtisch und schreibt etwas. Er sagt, ich bin der, den du suchst. Etwas weiter von ihm blättert ein Mann in einer Zeitschrift. Er sagt, ich bin der, den du suchst. An der Ecke des Zimmers sitzt ein Mann, seine Knie umarmend. Er sagt, ich bin der, den du suchst. Etwas entfernt von ihm schaut ein Mann Musikvideos im Fernseher an. Er sagt, ich bin der, den du suchst.

Ein Mann geht im Zimmer hin und her und zieht meine Frage gar nicht in Betracht. Er sagt: Lass das!

Vorerst die Wahrheit

Die Risse von dem Jungen, der ich einst war, erlebe ich nun als ein riesiges Loch in meiner Seele. Das tut verdammt weh! Ich könnte mich beklagen. Das tue ich aber nicht.

Die Wahrheit, die dahintersteht, fasziniert mich, beruhigt mich. Vorerst die Wahrheit, dann die Hoffnung.

Das war es doch nicht!

Das war etwas Selbstverständliches,
mal war das da,
mal war das zum Teil da.

Alles war okay,
auch der Schmerz,
auch die Enttäuschungen.

Die Freude war ganz,
das Böse war nebensächlich.

Und wenn das nicht da war,
fehlte an jeder Ecke
irgendetwas.

Ich dachte, das ist etwas Selbstverständliches.
Das war es doch nicht!

Während der Fahrt

Die Mutter zusammen mit drei Kindern im Bus. Die kleine Tochter sitzt im Kinderwagen, beunruhigt und weinend. Die Mutter nimmt sie aus dem Kinderwagen, drückt sie an die Brust und stillt sie. Sie beruhigt sich. Die ein Jahr ältere Tochter sitzt für sich da. Sie haben eine größere Schwester. Sie ist weißhäutig. Die kleineren sind dunkelhäutig.

Der Gesichtsausdruck der Mutter vermittelt mir während der Fahrt ein Gefühl von Zuversicht.

Melancholie

Melancholie ist ein Protest gegen das Ungerechte, ohne dass du dabei die Erwartung hättest, es wiedergutzumachen. Melancholie ist die Umwandlung des Unglücks ins Glück, ohne dass du dabei das Unglück verleugnest.

Melancholie schließt den Kreis ab. Der Kreis, den du nicht auf andere Weise abschließen könntest. Melancholie macht das Unmögliche möglich. Melancholie ist die Magie der Seele, Umwandlung der Trauer in Passion.

Vielleicht eine Belohnung dafür, dass du der Wahrheit nicht den Rücken kehrst.

Ich lebe und ich werde gelebt

Es wäre eine Lüge, wenn ich behaupten würde, ich lebe ausschließlich in Bezug auf meine Überzeugungen. Hier und da weiche ich von ihnen ab. Ich weiche ab, denn ich lebe nicht nur, ich sichere auch mein Überleben.

Die Frage ist, inwieweit ich von ihnen abweiche. Die Frage ist, ob ich das Leben und das Überleben in Zusammenhang miteinander erfahre.

Ich lebe und ich werde gelebt. In den Lebensphilosophien des Orients steht der passive Wille im Vordergrund. In westlichen Kulturen steht der aktive Wille in Vordergrund. Vielleicht ergänzen diese beiden Lebensphilosophien einander.

Für jenen Poeten

Für jenes Kind
werde ich eine Mutter sein.

Für jenen Knaben
werde ich ein Vater sein.

Für jenen liebenden Mann
werde ich ein liebender Mensch sein.

Für jenen rechtlosen Menschen
werde ich ein Anwalt sein.

Für jenen Poeten
werde ich ein Begleiter sein.

Kinder auf den Straßen

Kinder auf den Straßen von Teheran verkaufen Gedichte für Wahrsagung. Leute öffnen die geschlossenen Briefumschläge und lesen sich die Gedichte vor. Die Gedichte sollen vorhersagen, was ihnen eventuell passieren werde. Die alten klassischen persischen Gedichte lassen einen Raum für eine Interpretation. Die Leute in Iran machen zurzeit eine schwere Zeit durch. Eine geliehene Hoffnung würde ihnen ein bisschen Halt verleihen.

Als ich Kind war, machte ich mir keine Sorgen, was mich erwartete. Obwohl mir die Welt unheimlich erschien. Nun mit der Interpretation meiner Gedichte bekomme ich eine Ahnung, was mich erwartet. In der Kindheit verloren meine Unsicherheiten ihre Schärfe in Träumen.

Da ich gemein bin

Bist du ein Gerechtigkeitsfan? Na gut, sei es! Bist du ein Freiheitsfan? Na gut, sei es! Bist du ein Demokratiefan? Na gut, sei es! Bist du ein Wahrheitsfan? Na gut, sei es! Bist du ein Menschenfan? Na gut, sei es!

Ich frage, falls du zwischen deiner Liebe zur Gerechtigkeit und deiner Liebe zur Freiheit in Konflikt geraten würdest, was würdest du tun? Würdest du deinen Gerechtigkeitswillen revidieren oder deinen Freiheitswillen? Ich frage auch mich, was ich tun würde, falls ich zwischen meiner Liebe zur Wahrheit und meiner Liebe zum Menschen in Konflikt geraten würde.

Da ich gemein bin, sage ich nicht, was ich tun würde. Auch du kannst dich verweigern, eine Antwort zu geben.

Welcher Wochentag ist denn morgen?

Du könntest mir tausend Gründe nennen, damit ich zum Leben Ja sage. Was dann, wenn das Leben mich überfordern würde? Das wäre doch nicht ehrlich, in solchem Zustand ein Ja zum Leben auszusprechen. Das wäre ein unechtes Ja.

Ich mag diesen Tag. Die Tasse Kaffee. Deine Teufeleien. Die Gesichter, die mir heute auf der Straße begegnet sind. Die Gesichter, die ich einst mochte, als ich ein starkes Ja zum Leben in der Tasche hatte.

Welcher Wochentag ist denn morgen?

Es ist Abenddämmerung

Es ist Abenddämmerung. Die Straßenlichter leuchten. Eine Mischung aus Dunkelheit und Helligkeit. Die leuchtenden Lampen wirken sanft.

Eine Frau schiebt einen Kinderwagen. Mit der anderen Hand tippt sie auf ihr Smartphone. Das Baby saugt an seinem Schnuller.

Auf dem Gehweg einer Nebenstraße im Stadtteil.

Hoffnung kehrt zurück

Hoffnung war da. Als sie nicht da war, merkte ich es nicht recht. Sie hatte eine Vertretung hinterlassen.

Ich habe die Hoffnung nicht aufgegeben, oder vielleicht hat die Hoffnung mich nicht aufgegeben. Verzweiflungen waren die Fortsetzung der Hoffnung, wo der Boden unter meinen Füßen nicht fest war. Verzweiflungen oder Wahn sind die Brücken zur Urhoffnung in uns oder zu dir.

Hoffnung kehrt zurück wie Schwalben im Frühling. Den Frühling in uns sollten wir selbst entfalten.

Wenn es darum geht

Jedes Land hat viele Gesichter. Nicht alle diese Gesichter sind schön. Ich habe viele Gesichter. Nicht alle diese Gesichter sind schön. Du hast viele Gesichter. Nicht alle diese Gesichter sind schön.

Ich bin nicht verzweifelt, wenn es darum geht, wo meine Heimat ist. Du hast Seiten an dir, die interessanter sind, als du denkst. Ich habe Seiten an mir, die vielleicht interessanter sind, als ich denke.

Ein Hauch vom Paradies

Heute war ich in einem „Problemstadtteil" unterwegs. In der Nähe von Läden und Geschäften parkte ich mein Fahrrad. Ich wollte die Bücher im Bücherschrank des Stadtteils ansehen.

Ein Mann fragte mich, ob er meine Luftpumpe bekommen könnte, damit er das Fahrrad seiner Tochter aufpumpte. Ich billigte ihm es zu.

Ich wurde von der Tochter überrascht. Sie umarmte mich als Zeichen von Dankbarkeit, während ich nach den Büchern schaute. Auch sie war neugierig, was für Bücher im Regal standen. Die Mutter, die auf einer Bank neben dem Bücherschrank saß, sagte zu ihr: „Die sind nicht für dich. Du hast genug Bücher zu Hause."

Ich war am Ziel angekommen. Ich besuchte Bekannte von mir, die in diesem Stadtteil einen Kiosk betreiben. Die Kunden können nicht immer gleich bezahlen, wenn sie etwas mitnehmen. Meine Bekannten sind nicht streng mit ihnen. Sie lassen zu, dass die Kunden später bezahlen. Sie sagten zu mir, dass die Kunden nicht immer ihre Schulden zurückzahlen. Dennoch lohnt es sich, mit ihnen im Geschäft zu bleiben.

Als ich von ihnen wegging, sah ich auf dem Gehweg in der Hauptstraße des Stadtteils zwei kleine Mädchen. Sie hatten ihre Spielzeuge und andere Sachen zum Verkauf auf dem Boden beieinandergestellt. Ein kleiner Flohmarkt. Weit entfernt von den Haustüren ihrer Häuser.

Ich spürte einen Hauch vom Paradies.

Wer eine Geschichte hat

Wer eine Geschichte hat, hat Komplexe. Ich habe eine Geschichte. Mit vielen Höhen und Tiefen. Also habe ich ein paar Komplexe.

Komplexe sind an sich nicht störend. Es kommt darauf an, wie du mit ihnen umgehst. Es kommt darauf an, ob du Komplexe hast oder ob die Komplexe dich haben.

Als wir Knaben waren, zählten wir unsere Wunden. Wer mehr davon hatte, konnte angeben, dass er mehr Abenteuer erlebt hatte. Nun können wir unsere Komplexe aufzählen.

Stellen wir uns vor

Stellen wir uns vor, die Wirklichkeit wäre ein gedeckter Tisch. Auch die Wahrheiten, die mich ansprechen, befinden sich auf dem Tisch. Auch Werte, auch Ideen, auch Schönheiten, auch der Schmerz. Und all die Dinge, die mich nicht ansprechen. Und nicht nur diese Gegebenheiten.

Solange ich die freie Wahl habe, mit zu entscheiden, was ich mag und was ich nicht mag, was ich nehme und was ich nicht nehme, habe ich kein Problem mit der Wirklichkeit. Ich habe aber nicht immer eine freie Wahl. Ich bin unter anderem ein Sklave der Wirklichkeit.

Und wir haben die Wahl

Es gebe keine Stunde Null. Wir steigen in einen fahrenden Zug ein. Unsere Mutter gebärt uns in einem fahrenden Zug. Unsere DNA hat eine lange Reise hinter sich.

Im Zug wählen wir aus, was wir gutheißen, was wir nicht gutheißen. Was wir gerne tun, was wir nicht gerne tun. Wir treffen Entscheidungen, mal mit positiven Folgen, mal mit negativen Folgen.

Falls wir es nicht mehr aushalten, wünschen wir uns, aussteigen zu können. Und manchmal tun wir das. Es dauert nicht lange, bis wir einsehen, es wird noch schlimmer. Wir steigen wieder ein.

Der Zug hat erstklassige Abteile, zweitklassige Abteile und eine Luxusabteilung. Und wir haben die Wahl, Luxus für uns zu definieren.

Wir steigen in einen fahrenden Zug. Ob die Reise unsere Reise ist? Sie könnte unsere Reise sein! Der Zug ist ein Zauberzug.

Was zählt

Wir haben kein Zentrum. Genauer gesagt, wir haben zwei Zentren. Wir sind aus dem Paradies verbannt worden. Wir leben in zwei Welten, in der Welt der Gedanken und in der Welt der Wirklichkeiten.

Wir laufen auf einem Seil. Wie gewandt wir auch sein können, können wir höchstens die Balance halten. Und wenn wir herunterfallen, steigen wir wieder auf.

Was zählt, ist die Tatsache, dass unsere Gedanken und unsere Wirklichkeiten in einer Balance bleiben. Was zählt, ist die Tatsache, dass wir nicht in Zerrissenheit geraten.

Ein Blick

Es ist ein Sonntag im Herbst. Selten ist sonntags die U-Bahn so dicht besetzt. Sie kommt mit Mühe voran. Sie gibt ihr Ticket einer Frau, die vor dem Ticketentwerter steht. Sie entwertet ihr Ticket und gibt es ihr zurück.

Ich kann sagen, sie ist im Alter von siebenundfünfzig. Dezent geschminkt. Trägt lange rote Haare, nach hinten gebunden, hat eine schicke Jacke an. Trägt eine kleine schwarze Lederschultertasche. Hose und Schuhe sind schwarz.

Sie hat einen geraden Rücken und guckt neugierig in der U-Bahn um sich herum. Sie hat einen Blick, der lange im Gedächtnis haften bleibt. Eine Mischung aus Ernsthaftigkeit und Kindlichkeit, eine Mischung aus Freude und Melancholie.

Meine oder deine

Ich kann nicht protestieren, warum hier und da wenig Menschlichkeit im Spiel sind. Warum der Junge, dessen Vater ihn misshandelte, dessen Vater mit den Messerstichen seine Mutter umbrachte und anschließend ihn verletzte, nach all den Jahren der Hilflosigkeit in der Kriminalität landete. Und letzten Endes tot in einem Baum gefunden wurde.

Du könntest traurig sein, dass ihm die Menschlichkeit verweigert wurde. In diesem Fall hat keiner das Gesetz gebrochen. Wir können gegen Unmenschlichkeit protestieren. Aber nicht mit der Erwartung, dass der oder die menschlich handeln sollte. Menschlichkeit ist eine Entscheidung. Meine oder deine. Die Menschlichkeit entzieht sich jeglichen Zwängen oder Kontrollen.

Menschlichkeit ist eine Instanz in uns. Jeder von uns ist imstande, die Menschlichkeit wahrzunehmen. Was sie oder er dann damit macht, steht offen.

Ich könnte behaupten

Ich könnte behaupten, ich halte es aus. Aber woher habe ich das Recht zu sagen: Der Junge, der ich einst war, sollte aushalten. Der Knabe, der ich einst war, sollte aushalten. Das Kind, das ich einst war, sollte aushalten. Das Tier, das ich einst war, vielleicht vor Millionen Jahren, sollte aushalten.

Ihre Schreie sind vielleicht nun meine Albträume. Ihre Freuden sind vielleicht nun meine Träume.

Ich notiere Gründe

Ich notiere die Gründe, warum ich das Leben nicht mag auf eine Seite. Die Gründe, warum ich das Leben mag, auf eine andere Seite. Vielleicht wäre es nicht gut, vor euch zuzugeben, dass die Gründe, die mich daran hindern, das Leben zu mögen, stärker sind als die Gründe, die mich ermuntern, das Leben zu mögen. Aber ich gebe mit Vergnügen zu, dass mein Herz nicht viel Wert auf die Logik legt.

Dämonen

Dämonen sind dunkle illusionäre Kräfte in uns. Wir wissen nicht, ob Dämonen existieren. Illusionäre Kräfte existieren schon. Wir spüren sie, mal als Gedanke, mal als ein Gefühl, mal als Empfindungen und mal als Hemmungen.

Illusionen entziehen sich unserer Kontrolle oder unserem Bewusstsein. Warum auch! Vielleicht ist es an der ersten Stelle unser Bewusstsein, das sich verweigert, Illusionen anzuerkennen, obwohl Illusionen ein Teil von uns sind. Illusionen sind vielleicht unsichtbare Hände, die uns Halt geben, wo wir in Not geraten.

Gegen Dämonen helfen nicht Gedanken. Gegen Dämonen helfen Engel. Engel sind die Gedanken, die zaubern, die uns vor dunkler Magie der Dämonen schützen. Vielleicht gelingt es uns, unsere Dämonen zu überwinden, indem wir ihnen einen Raum in unserem Leben geben.

Tag für Tag

Ich habe nichts dagegen, dass auch der Hass zu diesem Spiel gehört, das wir Leben nennen. Ich bin jedoch dagegen, dass ich mit dem Hass im Herzen den Tag beende und ins Bett gehe.

Spuck es aus! Tag für Tag. Ein verzweifelter Hass richtet die Seele mit der Zeit zugrunde.

Und die Bahn fährt weiter

„Wann hält die Bahn an?",
sagt sie,
laut,
die Frau,
alleine,
sitzend.

Keiner zeigt eine Reaktion,
die Bahn hält an,
ein Fahrgast steigt aus,
die Bahn fährt weiter.

„Wann hält die Bahn an?",
sagt sie wieder laut.

Und die Bahn fährt weiter.

Ohne als ob

Sie sitzt in der U-Bahn. Ihren Rucksack umarmend. Der Freund steht ihr gegenüber. Mit dem Rücken zum Fenster. Er trägt seinen Rucksack auf den Schultern. Er ist barfuß. Er steht so da, als ob es ganz normal sei! Es ist ein nasser Novembertag.

Die kleine Tochter, vielleicht fünfjährig, pendelt hin und her zwischen Mama und Papa. Sie scheint barfuß im Herzen zu sein. Ohne als ob.

Wie ein Zugvogel

Du warst
der Anfang
für meine Gedichte.

Du gingst,
die Gedichte blieben weiterhin da.

Nun bist du zurückgekehrt
in meine Gedichte.

Wie ein Zugvogel
aus der Ferne.

Und ich habe mich
zu mir selbst gefunden.